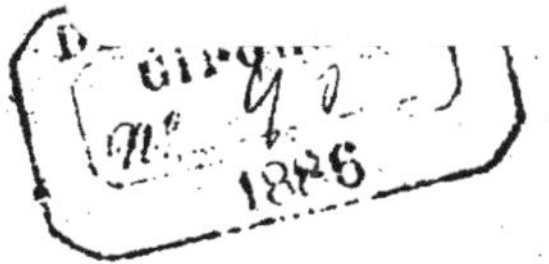

MONSEIGNEUR DE LANGALERIE

ARCHEVÊQUE D'AUCH

PAR

M. L'ABBÉ F. LAPRIE

Chanoine honoraire de Bordeaux,

Professeur honoraire de la Faculté de Théologie

EN VENTE :

A L'ŒUVRE DES BONS-LIVRES, 11, RUE CANIHAC

Et chez les principaux Libraires de Bordeaux

1886

MGR DE LANGALERIE

ARCHEVEQUE D'AUCH

MONSEIGNEUR

DE LANGALERIE

ARCHEVÊQUE D'AUCH

PAR

M. L'ABBÉ F. LAPRIE

Chanoine honoraire de Bordeaux,
Professeur honoraire de la Faculté de Théologie

EN VENTE :
A L'ŒUVRE DES BONS-LIVRES, 11, RUE CANIHAC
Et chez les principaux Libraires de Bordeaux
1886

Sous le titre de Mgr DE LANGALERIE, archevêque d'Auch, *le présent Opuscule contient deux Discours de* M. l'abbé LAPRIE.

L'un fut prononcé le jour des funérailles du nouveau François de Sales.

L'autre est l'Oraison funèbre du service de quarantaine.

L'un et l'autre ont été prononcés dans l'église primatiale d'Auch.

DISCOURS

PRONONCÉ LE JOUR DES FUNÉRAILLES

DE

Mgr DE LANGALERIE

ARCHEVÊQUE D'AUCH

Suprà mortuum plora.
Pleure sur celui qui est mort.
(*Eccli.* XXII, 10.)

ÉMINENCE (1),
MESSEIGNEURS (2),
MESSIEURS,

Je regarde; et je m'émeus, et je tremble.

Voilà donc le cercueil, où la foudre de la mort a précipité tout à coup le plus aimable et le plus aimé des Pontifes!

Comment se fait-il que, devant ce cercueil, en présence d'un Prince de l'Église et de la pourpre romaine, en face d'une constellation de vénérables Prélats, au milieu d'une imposante assemblée,

(1) Son Éminence le cardinal Desprez, archevêque de Toulouse.

(2) NN. SS. les Archevêques de Bordeaux et d'Albi, les Évêques de Tarbes, de Bayonne, d'Aire, d'Agen, de Belley et de Montauban.

où mes yeux peuvent apercevoir, avec tout le clergé auscitain, les représentants du Gouvernement, de l'armée, de la magistrature, des Administrations publiques; comment se fait-il que celui qui n'avait de titres que pour écouter en silence, au dernier rang, se trouve chargé d'élever la voix et de prendre la parole?

Ah! s'il s'agissait, en ce moment, de raconter la vie de l'Archevêque dont nous célébrons les funérailles, s'il s'agissait de décerner à sa mémoire l'éloge solennel qu'elle mérite, s'il s'agissait, en un mot, d'une véritable oraison funèbre, j'aurais certainement décliné, faute de préparation suffisante, le périlleux honneur de paraître aujourd'hui dans la chaire.

Heureusement, la mission qu'on m'a déférée est plus modeste. Elle peut même se passer de talent oratoire. Ce n'est pas un discours qu'on m'a demandé; ce sont des larmes.

Prêtre bordelais, toi qui connus avant nous le Père que la mort nous a ravi, toi qu'il honorait de son amitié, viens pleurer sur son cercueil; nous t'en conjurons, au nom de notre Église désolée; *suprà mortuum plora* : — voilà ce qui m'a été dit, ce qui m'a été écrit, au nom d'une autorité que je vénère. A cet appel qui s'adressait à mon cœur, sans consulter mes forces, j'ai répondu : Je viendrai.

A quoi bon balbutier d'autres excuses?

Souffrez, Messieurs, que, coupant court à tout préambule, j'essaie, malgré mon émotion, de remplir la tâche que j'ai témérairement acceptée.

Vous et moi pleurons ensemble l'irréparable perte que viennent de faire ici, et la Religion et le diocèse d'Auch; et qui nous atteint nous-mêmes, tous tant que nous soyons.

I

Oui, si jamais homme mérita d'être pleuré dans sa mort, c'est bien notre Illustrissime et Révérendissime Père en Dieu, Monseigneur Pierre-Henri Gérault de Langalerie.

Il convient de le pleurer, à trois titres principaux.

Il convient de le pleurer, d'abord, parce que la Religion perd en lui un de ses ministres, qui la fit aimer et bénir partout où il passa, en se faisant aimer lui-même et bénir dans le Seigneur.

Dès le plus bas âge, Henri de Langalerie fut consacré à Dieu par son incomparable mère. *Suprà modum mater mirabilis* (1). Celle-ci l'avait placé au Petit-Séminaire de Bordeaux, sous la direction d'un prêtre qui a laissé, dans nos parages, une impérissable mémoire.

Or, déjà, sur les bancs du Séminaire, commença de se manifester, chez le futur Archevêque d'Auch, ce don qu'il devait conserver toujours, le don de s'attirer la bienveillance et l'affection.

Tous ses condisciples l'aimaient, et la piété qu'il prêchait par son exemple, bénéficiait de l'amitié que tous avaient pour ce gracieux lévite :

> . . . . . *Quo pulchrior alter,*
> *Non fuit Æneadum.* . . . .

A l'âge de vingt-quatre ans, Henri de Langalerie montait à l'autel pour y offrir le sacrifice de l'Agneau sans tache. Il était prêtre.

Bientôt, s'il plaît à Dieu, un panégyriste qui ne m'est pas

(1) II, Mac., VII, 20.

inconnu viendra prononcer, dans cette chaire, l'oraison funèbre de l'Archevêque d'Auch. Il lui appartiendra de retracer, avec les développements convenables, l'immense bien opéré par l'abbé de Langalerie, dans les divers postes qu'occupa successivement son sacerdoce. Je ne considère, en ce moment, que le magique empire qu'il exerça sur les cœurs, dans ces postes successifs.

Cet empire, l'abbé de Langalerie l'exerçait sans effort. Le Créateur l'avait si bien doué pour faire de lui un type accompli de l'homme sympathique et aimable : *amabilis ad societatem !* (1) Non seulement Dieu l'avait comblé de toutes les qualités de l'esprit et du cœur, mais il lui avait en outre départi, et avec prodigalité, ces dons extérieurs qui, s'il faut en croire le poète, doublent, chez un mortel, le charme de la vertu :

Gratior est pulchro veniens in corpore virtus.

Écoutez, Messieurs, ce qu'un antique biographe de Saint Bernard a écrit, au sujet de cet illustre fondateur de Clairvaux :

« *Apparebat in carne ejus gratia quædam spiritualis ;* on voyait transpirer, à travers ses pores, je ne sais quelle grâce surnaturelle.

» *In vultu claritas præfulgebat non terrena sed cœlestis ;* son visage resplendissait d'un éclat qui était un reflet non de la terre, mais du Ciel.

» *In oculis angelica quædam puritas et columbina simplicitas radiabat ;* il y avait dans son regard la pureté de l'ange et la candeur de la colombe.

» *Tanta erat interioris ejus hominis pulchritudo, ut evidentibus quibusdam indiciis foras erumperet ;* telle était en lui la beauté de l'homme intérieur que, débordant de toutes parts, elle envahissait

(1) Prov. VIII, 24.

la physionomie, où tout le monde pouvait la voir. » (1)

O vous qui avez connu Monseigneur de Langalerie, vous surtout qui le connûtes, lorsque sa vie était encore dans toute sa fleur, dites-nous, si vous ne le retrouvez pas peint d'après nature, et comme pris sur le vif, dans ce portrait de Saint Bernard ?

Il s'était fait aimer, élève, au Petit-Séminaire de Bordeaux; il s'y fit aimer de nouveau, comme maître, lorsqu'il y revint après son ordination, pour être, à titre de préfet des études, le principal collaborateur, le bras droit du très vénérable Supérieur qui l'avait élevé lui-même, avec la tendre prédilection de Jacob pour son fils Joseph.

C'est là, au Petit-Séminaire (pardonnez-moi, Messieurs, ce souvenir personnel), c'est là que je le vis pour la première fois, et, après cinquante ans, je le revois en esprit, tel qu'il apparut alors à ma naïve enfance, le jour où, arrivant de mon village, je franchis le seuil de l'asile béni, où, la bonne Providence daignait transplanter les champêtres ignorances de ma dixième année.

La scène m'est encore toute présente. Il s'avançait du milieu de la cour d'honneur, avec sa haute taille, avec sa noble et élégante allure, avec la sérénité souriante de sa belle physionomie. Je crus apercevoir un ange. *Vir Dei venit ad me habens vultum angelicum* (2).

Il s'approcha; il arrêta sur moi son doux regard; il se pencha vers moi, en m'adressant d'encourageantes paroles, qui me révélèrent son âme; et je trouvai que son âme était plus angélique encore que son visage même : *Facie angelicus, animo magis angelicus,* comme je l'ai lu, beaucoup plus tard, dans l'Éloge de Saint Athanase, par le Docteur de Nazianze.

O bien-aimé Pontife, ô Père que mes yeux ne verront plus,

(1) Vit., lib. III.

(2) Judic., XIII, 6.

vous me prîtes entre vos bras, vous me serrâtes sur votre cœur, avec une bonté, dont, jusque-là, ma pauvre mère m'avait seule donné quelque soupçon !

Pourquoi faut-il que, ce cœur si chaud, sur lequel vous me serrâtes alors, soit aujourd'hui emprisonné entre les planches d'une bière, et qu'il ne batte plus, et que la mort l'ait glacé !

Comme nous l'aimions, notre préfet des classes ! Comme nous fûmes affligés d'apprendre, au retour de certaines vacances, que le Petit-Séminaire avait été obligé de le céder à un autre séjour, et à d'autres fonctions !

Un jour vint où l'abbé de Langalerie fut nommé curé de Sainte-Foy-la-Grande.

Sainte-Foy ! C'était le berceau de ses nobles aïeux, c'était son pays natal. Or, il est écrit que nul n'est prophète dans son pays : *Nemo propheta in patriâ suâ*. Ah ! ce n'est pas pour l'abbé de Langalerie que ce proverbe se réalisa. Quelle éclatante exception à la règle générale !

Enfant de Sainte-Foy et curé de Sainte-Foy, il ne fut pas seulement prophète en son pays, un prophète suivi et écouté plus qu'aucun autre, il fut presque l'idole de sa terre natale.

Les protestants lui témoignaient presque autant d'affectueux respect que les catholiques eux-mêmes. Son regard ne rencontrait partout dans sa paroisse que des visages amis qui semblaient lui dire quand il passait : C'est vous qui êtes la gloire et l'honneur de notre peuple ; *tu honorificentia populi nostri* (1).

Après avoir été curé de Sainte-Foy, l'abbé de Langalerie fut promu à la cure de Saint-Louis de Bordeaux. Or, Saint-Louis eut pour lui les mêmes yeux que son pays de naissance. Il fut aimé à Saint-Louis comme il l'avait été à Sainte-Foy ; aimé des riches,

(1) Judith, xv, 10.

aimé des pauvres, aimé des grands, aimé des petits; aimé des protestants, aimé des israélites, aimé de tous; aimé, si j'osais le dire, jusqu'à des limites voisines de l'adoration.

Et ne croyez pas que, cette sympathie dont il était l'objet, demeurât cantonnée au dedans des frontières de la paroisse, soumise à sa houlette; la cité tout entière y participait et s'en faisait complice; et non seulement la cité, mais tout le diocèse. Le fait est que, dans notre diocèse de Bordeaux, jamais nom ecclésiastique, ne fut aussi universellement et aussi honorablement populaire, que le nom de Langalerie.

Si quelqu'un en eût voulu avoir la preuve, il l'aurait eue, ces jours derniers, dans ce concert d'unanimes regrets et d'unanimes louanges, qu'a suscité, en nos contrées girondines, la foudroyante nouvelle de la mort de l'Archevêque d'Auch.

Et quand le diocèse de Belley l'eut emprunté à celui de Bordeaux, quand l'archidiocèse d'Auch l'eut pris à celui de Belley, tout le monde ne sait-il pas que ces deux diocèses, successivement confiés à son sceptre épiscopal, aimèrent Mgr de Langalerie comme l'aimait son diocèse originaire?

Oui, partout où il passa, soit comme prêtre, soit comme évêque, cet homme de Dieu laissa après lui une sorte de sillon lumineux et embaumé, où son nom demeurait entouré de la bénédiction universelle.

Or, partout, la Religion profita de cette sorte de popularité sacrée dont il jouissait dans le Seigneur. Partout, il la faisait aimer et bénir, en se faisant aimer et bénir lui-même; il la faisait aimer et bénir davantage par ceux qui l'aimaient et la bénissaient déjà; il amenait doucement à la bénir et à l'aimer, ceux qui ne l'aimaient pas, et l'avaient autrefois maudite. C'est par milliers qu'on pourrait compter les âmes éloignées de Dieu qui, au seul nom de l'abbé de Langalerie, de Mgr de Langalerie, se sentaient portées à se réconcilier avec leur Créateur, et finissaient par ouvrir la porte aux sollicitations de l'infinie miséricorde : *Ecce sto ad ostium et pulso* (1). Sous ce rapport, le souvenir de notre saint Prélat continue chaque jour, et continuera longtemps encore, à gagner des batailles.

Pleurons donc la mort d'un Pontife, en qui, la Religion a perdu un de ses ministres, qui avait le secret de lui rendre de si précieux services ! *Suprà mortuum plora.*

II

J'ajoute qu'il est juste de payer, à la mémoire de Mgr de Langalerie, le tribut de nos larmes, parce que le diocèse d'Auch a perdu, dans sa personne, un Évêque éminent, et difficile à remplacer.

Oui, Mgr de Langalerie occupa un rang distingué dans l'élite de l'épiscopat français, élite si bien représentée aujourd'hui dans cette enceinte en deuil.

Ai-je besoin de vous dire ce qui faisait de Mgr de Langalerie un Évêque d'élite ?

Évêque d'élite, il le fut en premier lieu par sa dévotion à l'égard du Saint-Siège. C'est le terme du Pontifical; *devotio erga Sedem apostolicam.*

Avez-vous lu, dans les Lettres de Saint Jérôme, le sublime et tendre hommage que, du fond des solitudes syriennes, le grand docteur adressait autrefois à la Papauté, en la contemplant à travers l'espace ? « *Cathedræ Petri* », s'écriait-il, « *communione consocior;* j'embrasse étroitement la Chaire de Pierre pour ne faire qu'un avec elle ». Eh bien ! ce cri de l'illustre ultramontain du désert,

(1) Apoc., III, 20.

ce fut toujours, soit à Belley, soit à Auch, la devise du Pontife que la mort vient de nous ravir.

C'est du côté de la Chaire de Pierre, du côté de Rome, que ses regards étaient habituellement tournés. C'est de ce même côté que, ses oreilles se tenaient constamment attentives, pour savoir ce que pensait l'Église, ce que voulait l'Église, et cette pensée et cette volonté, une fois connues, devenaient aussitôt sa pensée et sa volonté.

Comme Bossuet, qui aurait dû s'en souvenir toujours, il était homme à dire : Nous tenons à gloire notre obéissance, parce que nous aimons l'unité, et au besoin nous y mettrions notre tête.

Évêque d'élite, il le fut en second lieu par la fermeté de son attitude, vis-à-vis des prétentions usurpatrices qu'affichent quelquefois, à l'encontre des droits essentiels et inaliénables de la Sainte Épouse du Christ, les puissances profanes.

Sans doute, ni par principe ni par nature, il n'était pas batailleur, il n'était pas frappeur et cassant, selon le mot de Saint Paul à Timothée, *non percussorem;* tant s'en faut et tout au contraire ! Donc, il ne demandait pas mieux que de vivre en paix avec tout le monde; à une condition cependant : c'est que, la paix ne serait pas achetée, au prix d'un préjudice quelconque porté à cette chose sacrée entre toutes, qui se nomme la liberté de l'Église, et qui est la suprême garantie de la véritable liberté des peuples.

« En toute autre affaire, disait Basile de Césarée à un préfet de l'empereur Valens, en toute autre affaire, on nous trouve accommodants et de facile composition; mais quand c'est la cause de Dieu qui est en jeu, et son drapeau qui est engagé, *verùm ubi Deus periclitatur et proponitur,* nous nous levons alors; et, comptant pour rien tout le reste, nous ne voyons plus que Dieu, sa cause et son drapeau ».

Lorsqu'on dépouillera la correspondance officielle de Mgr de

Langalerie, on y trouvera, dans plus d'une page, un langage tout aussi magnanime.

Évêque d'élite, Mgr de Langalerie le fut, en troisième lieu, par les travaux apostoliques, qu'il entremêla toujours à ses travaux de cabinet et d'administration épiscopale.

Cet Évêque, cet Archevêque aimait à se faire simple missionnaire, le plus souvent possible. Que de missions ne prêcha-t-il pas, dans tous les coins de son diocèse de Belley, dans tous les coins de son archidiocèse d'Auch ! Et Dieu seul pourrait dire le bien qu'il fit, dans cet apostolat des missions.

On accourait en foule pour entendre Monseigneur; on y retournait avec délices; et bien des âmes, jusque-là rebelles, se laissaient prendre sans résistance, dans les filets de ce pêcheur d'hommes, qui se plaisait à se faire petit, à se faire tout à tous.

Ne vous étonnez pas, d'ailleurs, de ces fruits de salut, obtenus par la prédication de Mgr de Langalerie.

Cette prédication était la plus onctueuse que l'on puisse imaginer, une prédication émue, une prédication presque toujours arrosée de belles et irrésistibles larmes, un écho de l'Esprit-Saint, Esprit de l'éternel amour des âmes.

Mais qu'allais-je faire ? Ah ! j'allais oublier une dernière chose qui faisait de Monseigneur d'Auch un Évêque d'élite.

Cette dernière chose, elle est d'un autre ordre que les précédentes, mais non point d'un ordre inférieur.

« Malheur, disait Fénelon, à qui ne sait pas ce qu'il y a de grand à être bon ! »

Or, c'est de la bonté épiscopale de Mgr de Langalerie qu'il s'agit, de sa bonté, à l'endroit de ses prêtres.

Oui, il était pour ses prêtres le meilleur, le plus aimant, le plus tendre des pères.

Et je ne crains pas, qu'à aucun des prêtres qui m'écoutent, il vienne en pensée de contredire l'assertion que je viens de formuler.

Saint Bernard adressait jadis, aux dépositaires de l'autorité ecclésiastique, les recommandations touchantes que vous allez entendre :

Erudimini qui judicatis terram : discite subditorum matres vos esse debere, non dominos. — Instruisez-vous, ô vous qui jugez la terre, apprenez que, pour vos subordonnés, vous devez être des mères, et non pas des maîtres.

Studete magis amari, quàm metui. — Appliquez-vous à vous faire aimer, plus qu'à vous faire craindre.

Matres fovendo, patres corripiendo vos exhibeatis. — S'il s'agit de consoler, montrez-vous des mères; s'il s'agit de corriger, montrez-vous pères.

Suspendite verbera, producite ubera ; pectora lacte pinguescant, non typho turgeant (1). — Ici, l'excessive tendresse des images évoquées par le texte latin, échappe à la traduction, devant une assemblée publique. Mais qu'importe ? Pour être compris de ceux à qui je veux m'adresser, en ce moment, le latin n'a pas besoin de traduction.

Je vous adjure de nous le dire, prêtres du diocèse d'Auch; si, une fois ou l'autre, vous eûtes jamais quelque épreuve, quelque chagrin à confier à Mgr de Langalerie, n'est-il pas vrai que vous trouvâtes, en lui, un évêque qui s'inspirait des recommandations de Saint Bernard ? N'est-il pas vrai que, ces recommandations, semblaient être gravées, par la main de la nature elle-même, dans le fond de son cœur ? N'est-il pas vrai que, pour ses prêtres, c'était l'Évêque bon par excellence, leur ami le plus affectueux, le plus dévoué ? N'est-il pas vrai que, jamais cœur épiscopal ne fut plus riche que le sien, en bonté compatissante, bonté que le

(1) In. Cant.

style, hardiment imagé de l'abbé de Clairvaux, nous représentait tout à l'heure, dans le passage que je n'ai pas traduit, comme le lait de l'âme humaine ?

Voulez-vous savoir, prêtres auscitains, quels trésors de bonté, quels trésors de lait maternel (aurait dit Saint Bernard) il y avait, pour vous, dans le cœur de votre Archevêque ? Prêtez l'oreille à la lecture des lignes qu'il vous a consacrées, dans les deux testaments, où sont consignées ses volontés dernières :

EXTRAIT DU TESTAMENT EN DATE DU 21 JANVIER 1875

Mes prêtres bien-aimés me diront une messe, puisque j'étais membre de l'Association des prières.

Je suis sûr, d'ailleurs, que je puis compter sur leur filial souvenir ; la tendre affection que je leur porte me le dit assez. — Oh ! qu'ils continuent toujours à former un clergé pieux, zélé, instruit, empressé à obéir aux saintes Règles, dévoué à l'Église et au Saint-Siège !

EXTRAIT DU TESTAMENT EN DATE DU 31 MARS 1885.

Enfin, je ne puis terminer, sans dire à mon clergé une dernière parole de tendre et paternel adieu, — une dernière parole d'exhortation à tous nos grands devoirs, — une dernière parole de confiance, de courage, de dévouement.

Que le Sauveur Jésus soit en tout son modèle, pour qu'il fasse plus de bien à ce cher diocèse, que je bénis une dernière fois du fond de mon cœur.

Je m'interdis tout commentaire.

Prêtres du clergé d'Auch, c'est ainsi que votre Archevêque vous aimait : *Ecce quomodo amabat !* (1)

En somme, il est juste de pleurer la mort de Monseigneur de Langalerie, parce que le diocèse d'Auch a perdu, dans sa personne, un Évêque d'élite, et qui sera difficilement remplacé. *Suprà mortuum plora.*

(1) Joan., XI, 36.

III

Permettez-moi de le dire enfin, nos larmes sont dues à Mgr de Langalerie parce que, tous tant que nous sommes, nous avons perdu, en le perdant, un ornement de notre pauvre terre.

Oui, un ornement de notre pauvre terre; et qu'est-ce à dire? C'est-à-dire un modèle de toutes les vertus, un homme céleste.

Mais l'heure me presse, et je ne puis que saluer, en courant, les vertus de notre Archevêque.

Faut-il parler de son humilité? — O Père, ô Père, que votre humilité était admirable! Et que de fois vous m'avez édifié, par les modestes sentiments que vous aviez de vous-même!

J'ai retenu fidèlement, Messieurs, une réponse, que me fit Mgr de Langalerie, la dernière fois qu'il me fut donné de le voir, il y a de cela quatre ou cinq mois. Je venais de lui faire une allusion, bien discrète pourtant, aux mérites qu'il avait amassés par son long ministère. « Taisez-vous, me répondit-il, je me fais honte à moi-même, tant je me sens misérable! » Voilà l'estime qu'il faisait de sa personne, lui qui témoignait tant d'estime à tout le monde! Tout est vain en nous, dit Bossuet, excepté le sincère aveu que nous faisons de notre vanité.

Et, avec cette humilité si profonde, quel esprit de mortification et de pénitence, chez Mgr de Langalerie! La vie qu'il menait dans son palais, ressemblait, par plusieurs côtés, à une vie d'anachorète.

Chaque matin, il quittait sa couche, à l'heure où ne sont pas encore levés les Religieux les plus austères. Il ne concédait à son corps aucune délicatesse inutile. Il jeûnait fréquemment, et l'usage des instruments de macération, employés dans le secret des cellules monastiques, ne lui était pas inconnu.

A l'esprit de mortification et de pénitence, il joignait l'esprit de pauvreté. Est-ce que les anges tiennent moins à l'argent et à l'or, qu'il n'y tenait lui-même? Si, en apparence, il y tenait tant soit peu, c'était uniquement pour s'en servir en faveur des œuvers pies, ou l'appliquer au soulagement de l'infortune. Il donnait toujours, il donnait sans compter, il donnait à tous. C'est à la lettre qu'il pratiquait cette parole évangélique : *Omni petenti te tribue;* à quiconque vous demande, donnez (1).

Avec de pareils procédés économiques, on risque d'arriver bien vite à manquer du nécessaire pour soi-même. Mgr de Langalerie s'inquiétait peu d'une pareille éventualité. Il laissait toujours à la Providence le soin de l'avenir.

Le jour où, il dut quitter la cure de Saint-Louis de Bordeaux, pour devenir vicaire général du cardinal Donnet, le prêtre qui vous parle se trouva d'assister aux préparatifs de départ du nouvel archidiacre. Or, il le vit se dépouiller de son pécule jusqu'au dernier centime, et s'en aller sans un sou de réserve. On pourrait citer vingt autres traits semblables, qui prouvent à quel point, il était détaché de tout ce qui s'appelle richesses.

Et que dire de sa charité pour le prochain, de sa douceur inaltérable?

En voyant cette charité et cette douceur, on songeait malgré soi à Saint François de Sales, et tout porte à croire que, sous ce double rapport, notre Archevêque s'était proposé pour exemplaire le saint Évêque de Genève.

Comme Saint François de Sales, il voyait le prochain à travers la poitrine de Notre-Seigneur Jésus-Christ, et il aimait le prochain de l'amour qu'il avait pour Jésus-Christ lui-même. Il aimait tout le monde, et le manifestait à tout le monde. Amis, indifférents ou

(1) Luc. VI, 30.

ennemis (si tant est que jamais il ait eu un ennemi), tous étaient sûrs de trouver, auprès de lui, le plus gracieux accueil. A tous et toujours, il montrait un front serein, un visage ouvert, un air bienveillant.

Comme Saint François de Sales, il estimait qu'il ne faut agir sur les âmes, qu'à la manière des parfums qui, pour attirer à leur suite, n'ont d'autre pouvoir que leur suavité. Sa conduite était conforme à cette maxime. Jamais, pour personne, ni au sujet de personne, une parole tant soit peu irritée, tant soit peu amère.

De lui, comme de Saint François de Sales, on pouvait dire « qu'il ne faisait pas une action, qu'il ne proférait pas une parole qui ne fût détrempée dans la douceur de Jésus-Christ ».

Et n'est-ce pas tout particulièrement cette douceur, qui communiquait à ses traits une expression si agréable, si attachante, qu'on pouvait lui appliquer cette parole d'un chroniqueur du XVIIe siècle, au sujet de Fénélon : « Il fallait faire effort pour cesser de le regarder ».

Son humilité, son esprit de mortification et de pénitence, son esprit de pauvreté, sa charité pour le prochain, toutes ces vertus avaient leur principe, leur source, dans l'amour divin qui remplissait son cœur.

Ah ! comme il aimait le bon Dieu, notre cher Archevêque ! Combien il est vrai que le bon Dieu était son tout ! Et il songeait sans cesse au bon Dieu, et il se plaisait à parler du bon Dieu, et il ne discontinuait presque pas, sous une forme ou sous une autre, de prier le bon Dieu.

Comme il n'y a pas de plus pressant aiguillon, pour nous faire avancer dans l'amour du bon Dieu, que la considération des souffrances et de la mort de Jésus-Christ, il avait, pour la Passion de Celui qui nous a aimés jusqu'à mourir pour nous, une dévotion singulièrement remarquable. Si l'on additionnait toutes les heures qu'il passait, dans le cours d'une seule année, à faire le saint exercice du Chemin de la Croix, on serait effrayé du chiffre total auquel aboutirait ce calcul.

Aviez-vous jamais assisté à sa messe privée ? Quel Séraphin à l'autel ! Et n'est-ce pas la langue des Séraphins eux-mêmes qu'il me faudrait, pour dire combien notre Archevêque aimait l'adorable Captif de nos tabernacles ?

Ne me faudrait-il pas cette même langue, pour dire, avec quelle ardeur continue, cet homme vraiment céleste aspirait à une perfection toujours plus élevée ; pour dire comment il était d'avis, avec Saint Grégoire de Nazianze, que chez un Évêque, tout ce qui n'est pas très parfait est indigne de son sublime caractère : *In Episcopo non quàm optimum esse vitium est* (*In. Apol.*, I) *;* pour dire comment, par suite, il était toujours disposé à compter pour rien tous ses efforts passés ; pour dire comment il s'exhortait continuellement lui-même, à monter toujours plus haut vers les sommets de la sainteté, et, à descendre toujours plus bas dans le mépris du peu qu'il jugeait avoir fait pour y arriver ?

Oui, pour dire toutes ces choses qui touchent à un monde plutôt angélique que terrestre, il me faudrait une langue digne d'elles, il me faudrait une langue que je n'ai pas à mon service.

Et c'est pourquoi, je me résous à mettre fin à cette simple allocution, pour laquelle j'implore toute l'indulgence de ceux qui l'ont entendue.

Et veniam pro laude peto...

En résumé, concluons, Messieurs, que nous ne saurions trop pleurer la mort du Prélat qui est l'objet de cette triste cérémonie.

Non, nous ne saurions trop la pleurer, car la Religion vient de perdre un de ses ministres qui, la fit aimer partout où il passa, en se faisant aimer lui-même. — Le diocèse d'Auch a perdu un Évêque de premier ordre, et d'un mérite transcendant. — Nous tous, qui que nous soyons, nous avons perdu un ornement de notre pauvre terre. — *Suprà mortuum plora.*

O Pontife que nous pleurons, ô très cher Seigneur et Père, ce n'est pas vous qui êtes à plaindre !

Ceux qui sont à plaindre, c'est d'abord l'ange fidèle d'un foyer aujourd'hui désert; c'est la douce chrétienne qui, survivant à tant d'autres de vos proches, vous consolait de leur disparition, c'est celle qui, jusqu'à la fin, est demeurée pour vous ce qu'était jadis, à Milan, pour le grand Saint Ambroise, sa très chère sœur Marceline.

Ceux qui sont à plaindre, ce sont les membres d'une parenté digne de vous, ce sont vos prêtres, vos diocésains, vos anciens amis.

Oui, ceux-là, Messieurs, ils sont à plaindre, mais non point notre cher Archevêque.

La mort, il est vrai, l'a traîtreusement frappé, en pleine nuit, de la même foudre dont elle frappa jadis Saint François de Sales, son cher exemplaire ; mais, comme celui-ci, elle le trouva prêt, prêt pour le grand départ, avec la ceinture aux reins, avec les mains pleines de bonnes œuvres.

Et le voilà maintenant, nous en avons la conviction intime, dans le sein de ce Dieu qu'il aima tant sur la terre !

Le voilà au sein de l'éternelle béatitude !

Ici-bas, il nous reste encore sa chère dépouille ; mais cette dépouille elle-même va disparaître pour descendre dans la terre, et l'heure est venue de lui adresser nos derniers adieux.

Adieu donc, sainte dépouille de notre Archevêque ! Adieu, restes chéris qui fûtes habités par une si belle âme ! Adieu pour jamais !

Dormez en paix sous les dalles de cette vieille basilique ; dormez en paix jusqu'au jour où toute chair ressuscitera !

Quant à vous, sainte âme à jamais regrettée, sainte âme de notre Père dans le Seigneur, nous ne vous disons pas adieu, mais au revoir.

Oui, au revoir ! Au revoir dans une meilleure patrie !

En attendant, du haut du Ciel, nous vous en conjurons, ne cessez pas de nous aimer !

Veillez sur nous !

Priez pour nous !

Obtenez-nous surtout la grâce d'apprendre à déjouer, par une sainte vie, comme vous l'avez fait vous-même, les surprises et les trahisons de la mort !

AMEN !

ORAISON FUNÈBRE

DE

Mgr DE LANGALERIE

ARCHEVÊQUE D'AUCH

PRONONCÉE AU SERVICE DE QUARANTAINE

DANS LA PRIMATIALE D'AUCH

Le 8 Avril 1886

Paulò minùs ab angelis.
Rien qu'un peu au-dessous des anges.
(Ps. VIII, 6.)

Messeigneurs (1),
Messieurs,

La Primatiale d'Auch célébrait, il y a quelques semaines, les funérailles du Pontife, qui l'a laissée dans le veuvage et la désolation. Vers la fin de la lugubre cérémonie, un prêtre étranger à ce diocèse, et sans autre titre que l'appel trop bienveillant du vénérable Chapitre de Sainte-Marie, un prêtre bordelais parut dans la chaire, avec mission de s'y rendre l'interprète de la douleur publique.

Conformément au mandat qu'il avait reçu, il pleura, dans l'effusion

(1) NN. SS. les Évêques d'Aire, de Bayonne, de Tarbes, d'Agen.

d'un cœur brisé, la grande perte que venaient de faire et la Religion et l'archidiocèse d'Auch, et tous ses auditeurs quels qu'ils fussent. *Suprà mortuum plora* (1).

Aujourd'hui, la Primatiale d'Auch, toujours en deuil, célèbre un solennel sacrifice de propitiation, pour l'âme du Prélat à jamais regretté, que nous déposâmes alors dans la paix de la tombe; et c'est le même prêtre qui, cette fois encore, comme au jour des funérailles, vient prêter sa voix, du haut de la chaire, aux nouvelles exigences de cette nouvelle pompe funèbre.

Ne vous étonnez donc pas qu'il sente avant tout l'opportunité de vous dire, avec bien plus de raison que jadis Saint Paul à ses Corinthiens : *Supportate me;* daignez me supporter (2).

Oui, Messieurs, vous m'avez supporté une première fois, supportez-moi une fois de plus; et avec plus de longanimité encore, car, si ma parole eut besoin de beaucoup d'indulgence, le jour des funérailles, elle en aura besoin aujourd'hui, plus encore que l'autre jour.

L'autre jour, il ne s'agissait que de pleurer; et c'est un art que nous apprenons tous d'assez bonne heure, pour l'exercer même en naissant.

Aujourd'hui, bien que les larmes soient encore de mise, il s'agit surtout d'éloges. Il s'agit de compléter notre lamentation par le panégyrique du Pontife qui en fut l'objet.

Or, comment le louer, ce Pontife, autant que ses mérites l'exigeraient ?

La haute idée même que j'ai conçue de mon héros, et l'admiration qu'il m'inspira toujours, mais que, depuis son trépas, il m'inspire plus que jamais, se tournent en ce moment contre moi,

(1) Eccli., XXII, 10.

(2) II, Cor., 2.

et frappent de découragement préventif les élans de ma bonne volonté.

On raconte ceci d'un peintre de la fin du moyen âge, qui fut une douce étoile de l'art catholique à cette époque, et qui demeure une gloire de l'ordre Dominicain. Lorsqu'il voulait reproduire sur la toile les traits de certains Bienheureux, tels que se les représentait sa pieuse admiration, il hésitait, dit-on, à prendre ses pinceaux, et s'il se résignait à porter enfin sur son noble outil une main découragée, ce n'était qu'après être tombé à genoux, pour demander pardon de la hardiesse de son entreprise, à l'idéal qu'il s'était fait de ses modèles.

Les sentiments qu'éprouvait, en pareil cas, le célèbre Angelico de Fiesole, ce sont à peu près, laissez-moi vous le dire, les sentiments que j'éprouve moi-même, au moment d'entreprendre l'éloge de notre cher Archevêque.

Elle est si belle, si admirablement belle à mes yeux, l'âme qu'il s'agit de peindre ! et, pour en reproduire la touchante beauté, je ne trouve sur ma palette que de vulgaires et impuissantes couleurs.

Moi aussi, avant de commencer, je serais tenté de tomber à genoux, pour demander à l'avance pardon de l'imperfection de mon œuvre, pour demander ce pardon, non pas à mon bien-aimé héros, qui, de son vivant, m'avait conjuré lui-même de ne pas trop louer sa mémoire, si, par aventure, je venais à être chargé de ce soin; mais pour vous le demander à vous, Messeigneurs, qui honorez cette cérémonie de votre auguste présence, à vous, prêtres du clergé auscitain; à vous tous, fidèles, qui composez ce brillant auditoire.

Quoi qu'il en soit de cette tentation, et de l'infirmité personnelle qui me la suggère, je consacre cette oraison funèbre à l'éloge de notre Illustrissime et Révérendissime Père en Dieu, Mgr Pierre-

Henri Gérault de Langalerie, mort archevêque d'Auch, primat de la Novempopulanie et des deux Navarres.

Paulò minùs ab angelis. L'éloge de Mgr de Langalerie me semble tout entier contenu dans ces paroles de mon texte.

Oui, ce favori de Dieu traversa le séjour de notre bas monde, comme s'il eût été au-dessus de la race commune, et rien qu'un peu au-dessous des anges. Tout mon discours aura pour but de justifier l'application que je lui ai faite de ces termes sacrés.

La carrière de mon héros se compose de deux périodes. J'espère vous faire voir comment, dans l'une et dans l'autre, il se montra presque un ange aux témoins de sa vie.

I

Je dis d'abord que, pendant les années qui précédèrent le jour où, il dut quitter son diocèse d'origine, pour s'en aller gouverner comme évêque, un diocèse lointain, Mgr de Langalerie se montra presque un ange, par l'édification qu'il donna, dans le Seigneur, aux témoins de son éducation, de son ministère sacerdotal, de sa préparation au sacre qui fait les Pontifes.

Voici, pour commencer, les phases successives de son éducation.

Notre siècle était en marche depuis dix ans, lorsque Henri de Langalerie vint au monde. C'était trois ans après cette fameuse bataille de Friedland, où s'illustra pour la centième fois, et plus que jamais, un enfant du Gers, votre maréchal Lannes. C'était l'époque où, en punition d'un attentat sacrilège commis sur la liberté du Vicaire de Jésus-Christ, la gloire napoléonienne, descendue de son plein midi, commençait à ne plus jeter, sur l'Europe humiliée, qu'un éclat de moins en moins dominateur, et de moins en moins certain de l'avenir.

C'est dans une paroisse reculée du diocèse de Bordeaux, que le futur Archevêque d'Auch vit le jour, et qu'il fut baptisé : à Sainte-Foy-la-Grande, berceau de ses ancêtres.

Avant le règne de la Terreur, la famille de Langalerie avait joui d'une fortune proportionnée à sa noblesse. Les spoliations révolutionnaires ne lui en laissèrent guère d'autre, que l'honneur de les avoir méritées, pour cause de vertus héréditaires, et en récompense des bienfaits qu'elle avait jadis répandus sur la contrée.

Un foyer domestique, où les cœurs étaient seuls restés d'or, fut la première école que la Providence avait préparée à Henri de Langalerie; et les premières leçons de vertu qu'il reçut, furent les exemples de ses parents, les exemples de sa mère surtout. Ah! cette mère que j'ai déjà eu occasion de qualifier d'incomparable, notre Pontife, qui l'aima si tendrement, me reprocherait, du séjour qu'il habite, de ne pas lui rendre ici un solennel hommage.

Proclamons-le donc, avec tous ceux qui la connurent; Mme de Langalerie fut une chrétienne d'un haut mérite; *mulier magna* (1). Elle excellait par la droiture du jugement, par un tact exquis, par l'esprit de conduite autant que par l'esprit de foi qui présidait à tous ses actes, à toutes ses démarches. La distinction de sa personne n'avait d'égale que sa modestie, ou, pour mieux dire, sa profonde humilité. Même à visage découvert, elle avait toujours l'air d'être voilée. Sur ses traits, cependant, et dans l'ineffable douceur de son-regard, on apercevait le reflet d'une âme pleine de Dieu, paisiblement abandonnée à l'adorable volonté de la Providence, toujours prête à recevoir la visite de l'épreuve, et ne

(1) IV, Reg., IV, 8.

craignant que la visite du péché, soit en elle, soit dans ceux qui lui étaient chers.

On ne pouvait la voir sans se sentir pénétré d'un religieux respect. Si quelqu'un de ses enfants se fût égaré comme Augustin, elle eût été sans efforts une autre Monique ; mais par la grâce de Dieu, pas un de ses fils ne coûta une larme à la vigilance de sa sollicitude pour leur salut, et, quant à ses filles, son âme semblait être passée dans leurs âmes, et ne faire qu'un avec celles-ci. Elle fut, cette mère, pour celui de ses enfants qui devait être son plus bel ouvrage, ce que fut Nonna pour Grégoire de Nazianze.

Comme Sainte Nonna, elle demanda à Dieu de prendre son Henri pour le service des autels, et, dès la première heure, elle l'éleva en vue de ce service.

Elle lui parlait souvent du sacerdoce. Le petit Henri y prenait plaisir. A qui l'interrogeait sur ce qu'il serait un jour, il répondait, sans jamais se déjuger, qu'il voulait être prêtre.

Déjà, du reste, il se faisait remarquer, aux heures de la prière, par les naïfs élans d'une piété précoce. On admirait aussi la naissante charité de cet enfant à l'égard des pauvres. Sur les petites sommes dont ses parents lui faisaient largesse, il voulait faire toujours la part des indigents ; et lorsque ceux-ci venaient frapper à la porte de la maison, courant à eux, le visage épanoui, il leur remettait joyeusement entre les mains la généreuse dîme prélevée sur ses plaisirs.

Mais ce qui distinguait Henri plus que tout le reste, c'était l'extraordinaire tendresse qu'il témoignait à sa mère. Cette tendresse avait toutes les apparences d'une sorte de culte ; culte charmant qui s'accentuera toujours davantage, à mesure que les années viendront blanchir, cheveu par cheveu, cette tête si chère, à mesure que la main du temps, burinera sur ce front vénéré, les signes de la vieillesse. La mort même ne fera qu'en consacrer le touchant caractère, en transperçant d'une inguérissable blessure le cœur du plus aimant des fils.

Du foyer paternel, Henri de Langalerie passa au Petit-Séminaire diocésain, lequel campait alors dans une ville autrefois dépendante de la Métropole d'Auch, dans la ville anciennement épiscopale de Bazas.

Ce fut sa deuxième école. Il y fut accueilli par un homme de Dieu, capable plus qu'aucun autre de comprendre la grande âme de la mère qui lui présentait ce petit Samuel. Permettez-moi de le nommer. Il n'y a pas, dans les diptyques contemporains de notre Église de Bordeaux, un nom plus vénéré que celui-là. Il s'appelait l'abbé Lacombe.

Lorsque jadis, après avoir triomphé de l'opposition de ses parents, Stanislas Kostka s'en vint abriter, au noviciat des Jésuites de Rome, sa vocation persécutée, il était nanti d'un certificat, où son confesseur, qui avait rédigé cette pièce, le recommandait comme un adolescent de grande beauté et de grande espérance, *magnæ speciei et spei.* La moitié au moins de ce certificat était très visiblement écrite sur le visage du fils de Mme de Langalerie. Mais le même visage certifiait aussi que, ce gracieux enfant n'avait pas l'âge jusque-là exigé, pour être admis au Petit-Séminaire. Le Supérieur en fit doucement l'observation. Le petit postulant crut que cette observation était un refus de le recevoir, et, lui qui tenait tant à devenir prêtre ! il se mit à pleurer. « Pour cette fois, reprit alors le compatissant Supérieur, on fera exception à la règle », et, s'inclinant vers notre Henri, il le saisit par les deux coudes; puis il l'éleva lentement jusqu'à la hauteur de ses yeux ; il l'y retint une minute, en couvant de son regard ce frais visage encore mouillé de larmes; après quoi, il l'embrassa paternellement. Peu de jours avant sa mort, Mgr de Langalerie racontait encore cette scène. « Quand je sentis, disait-il, que M. Lacombe posait ses lèvres sur mon front, il me sembla que c'était le bon Dieu qui m'embrassait ».

Sous les yeux de M. Lacombe, et à l'ombre de l'affection toute particulière que, ce père de la famille lévitique lui avait vouée, Henri de Langalerie grandit en âge et en piété.

Certaines fêtes exaltaient jusqu'à l'enthousiasme sa foi et ses sentiments religieux. Telle était surtout la fête de Saint Louis de Gonzague, patron du Petit-Séminaire. Devenu vieillard, il aimait à se rappeler les suaves émotions qui, ce jour-là, ravissaient sa jeune âme au-dessus d'elle-même, et l'attendrissaient délicieusement. La pureté, dit Bossuet, est la source des saintes tendresses; et cet écolier était demeuré si pur, si digne des baisers de sa mère !!!

Sa mère ! sa mère absente, il l'aimait plus que jamais. On en eut la preuve, dans une circonstance solennelle.

C'était dans les premières années de la Restauration, époque où semblait être redevenue l'expression d'une vérité, cette parole de Massillon, que les vicissitudes des temps ont rendue pour nous quelque peu étonnante : *De toutes les nations, la nation française est celle qui aime le plus ses maîtres.* En ce temps-là, une Altesse Royale, la fille du Roi martyr, celle qui, dans les cachots de la Tour du Temple, avait trempé ses lèvres au calice d'un malheur presque divin, la duchesse d'Angoulême, de passage à Bordeaux, voulut faire un pèlerinage au sanctuaire de Notre-Dame de Verdelais. Ce sanctuaire orne et protège un étroit vallon, non loin du cours de la Garonne. Pour faire honneur à l'auguste visiteuse, à celle que la France appelait officiellement *Madame,* le Séminaire de Bazas se transporta à Verdelais. Or, Madame venait d'arriver sous les vieux ormeaux qui ombrageaient alors les abords de la chapelle. Groupé devant le porche, un chœur de séminaristes était en train d'exécuter, en l'honneur de Son Altesse, un chant de bienvenue. Henri de Langalerie, qui était doué d'un timbre de voix suave comme son âme, faisait partie de ce groupe. Il était un des deux ou trois principaux chanteurs, sur lesquels reposait le succès de la cantate.

Donc, au milieu d'un silence ravi, il chantait; mais voilà tout à coup que sa voix tremble et fléchit. Le coryphée le regarde; il le voit rougir; il voit poindre des larmes dans ses yeux : « Chantez donc », lui dit-il. La voix fléchit encore; les larmes coulent. « Mais qu'avez-vous ? » — « J'ai aperçu maman, répond enfin, à bout de voix, le candide virtuose ».

Mme de Langalerie s'était, en effet, mêlée à la société bordelaise qui, avait tenu à honneur d'escorter la duchesse d'Angoulême, et le regard de son fils venait de la découvrir dans les rangs du cortège. Oubliant aussitôt et l'importance de son rôle, et la première dame de France, et la brillante cour qui entourait la Royale Altesse, il n'avait plus vu que sa mère !

Cependant, s'il faut tout dire, cette nature d'une sensibilité si exquise, et faite pour effleurer la terre plus que pour y marcher, cette nature d'élite éprouvait parfois, comme toutes les natures que Dieu gratifia de blanches ailes, le besoin de déployer les siennes. Ce besoin instinctif travaillait impérieusement notre écolier, lorsque la règle le condamnait à une immobilité trop prolongée. Il lui arrivait alors de le laisser voir; et les gardiens attitrés de la discipline scolaire ne manquaient pas d'incriminer, par état, ces velléités d'essor intempestif, ces tentatives irréfléchies d'expansion inopportune. Mais, chaque fois, le bon Supérieur amortissait le zèle de leurs réquisitoires, par cet oracle prophétique : « Mon Henri fera un jour honneur à la maison ».

Henri eut pour troisième école le Grand-Séminaire de Bordeaux. Il y trouva des maîtres dont le souvenir m'émeut (1). Leurs

(1) MM. Hamon, de Cambis, de Champgrand, de Monclar, Laloue.

vénérables traits, et les vertus éminentes que ces traits me rappellent, viennent de m'apparaître, à l'horizon d'un passé, où, les envahissements de l'oubli ont pour moi effacé tant d'autres images ! Devant cette douce vision, comme le chantre Florentin du Paradis, comme le Dante devant une certaine pléiade d'élus, volontiers je m'écrierais :

Oh ! comme en les voyant je m'élève en moi-même (1).

L'histoire n'a pas noté au passage les noms de ces dignes disciples de M. Ollier, voués par vocation à la vie cachée ; mais quand viendra le jour, où, l'histoire sera divinement et pour jamais révisée, ces noms brilleront comme des étoiles, dans les splendeurs du firmament éternel : *Fulgebunt quasi stellæ*.

Or, parmi les candidats aux saints ordres que ces hommes de Dieu formaient à leur image, dans ce petit royaume de la ferveur cléricale confié à leur direction, nul ne fut plus fervent que l'abbé de Langalerie.

En somme, dès qu'il fut en âge d'édifier quelqu'un, Henri de Langalerie édifia dans le Seigneur les témoins de son éducation ; mais voici qu'il va édifier bien davantage les témoins de son ministère sacerdotal.

Ne mentionnons que pour mémoire son rapide passage dans l'enseignement, soit aux deux Séminaires, soit à la Faculté de théologie. Ne parlons pas non plus de son passage plus rapide encore dans les hauts emplois de la chancellerie archiépiscopale.

Ce qu'il fallait à l'abbé de Langalerie, à ce prêtre si pénétré de l'esprit du Prêtre éternel, si profondément imbu de l'esprit de Celui qui, descendu du Ciel à cause de l'amour qu'il avait pour nous, *Propter nimiam charitatem quâ dilexit nos,* n'ambitionna, ce semble,

(1) Oh ! che di vederli in me stesso m'esalto (*Paradiso*).

que le titre de bon pasteur; ce qu'il lui fallait, c'était le service immédiat des âmes, c'est-à-dire les fonctions pastorales.

Ces fonctions, vous savez qu'il eut à les exercer d'abord à Sainte-Foy-la-Grande, puis à Saint-Louis de Bordeaux. Mais à Sainte-Foy, il ne fit, pour ainsi dire, que son noviciat de pasteur spirituel; et Sainte-Foy pardonnera au panégyriste de l'abbé de Langalerie, d'envisager plus spécialement, en celui-ci, le curé dont il fut le vicaire.

Quels précieux souvenirs ce règne curial n'a-t-il pas laissés à Saint-Louis de Bordeaux !

Oui, l'abbé de Langalerie fut un remarquable pasteur d'âmes.

Je le vois encore tel qu'il était dans l'intérieur de son église. Là, dans son église, quand il officiait à l'autel, quelle majesté sous la splendeur des ornements sacerdotaux !! Majesté naturellement patricienne, sans étude, sans contrainte, mais, de plus, transfigurée par la grâce divine.

Lorsque, durant les saints offices, il siégeait au chœur, dans sa stalle de préséance, une sorte d'auréole, rayonnement spontané de son âme, environnait son front recueilli, et semblait illuminer le sanctuaire.

Dans la chaire, quand il y montait pour instruire ou exhorter son troupeau, l'abbé de Langalerie était le plus sympathique des prédicateurs. Tour à tour, douce et pénétrante comme la rosée, *ut ros eloquium* (1), ou brûlante comme le feu, *ignitum eloquium vehementer* (2), sa parole produisait toujours, sur ses ouailles, une impression salutaire. C'était merveille de l'entendre commenter les Évangiles du dimanche. Presque jamais son homélie ne finissait, sans qu'à plusieurs reprises, les larmes de l'auditoire

(1) Deut., XXXII, 2.

(2) Ps. CXVIII, 140.

eussent répondu à ses propres larmes. On y venait, à ces homélies, comme à une fête. On s'en retirait, l'âme embaumée de je ne sais quel fortifiant parfum. Les sectateurs des cultes dissidents se glissaient quelquefois, par curiosité, aux prônes de cette bouche d'or. Plus d'un y trouva la grâce de la foi et de la conversion.

Je le revois tel qu'il était dans les rues, lorsque ses obligations l'appelaient à traverser les divers quartiers de sa paroisse. Il passait *ibat* (1), et sa vue seule était une prédication.

N'avoir qu'à paraître pour faire du bien, s'écriait jadis Saint Ambroise, quel beau privilège! *Quàm pulchrum est ut videaris et prosit!* C'était le privilège de notre cher curé. La bonté si agréablement peinte sur son visage semblait inviter ceux qu'il rencontrait à s'approcher de lui : *venite ad me omnes.* Mais en même temps, la haute modestie de son maintien si sacerdotal, tenait à distance toute familiarité indiscrète. Le *Noli me tangere* (2) du saint Évangile était écrit sur son front, et sur toute sa personne.

Je le revois tel qu'il était chez ses paroissiens, *per domos* (3).

Dans la demeure des affligés, c'était un consolateur sans égal. Jamais on ne porta, sur les blessures d'un cœur meurtri, une main plus délicate et plus bienfaisante.

Dans la demeure des malades, c'était un magique auxiliaire des médecins diplômés; sa visite ne manquait presque jamais, d'amoindrir les souffrances de leurs clients, par de saintes paroles qui ramenaient, dans l'esprit de ceux-ci, le calme et la confiance.

Chez les riches, dans les beaux salons, c'était le persuasif avocat des bonnes œuvres. Pour gagner son procès, cet avocat n'avait

(1) Matt., XXIV, 1.

(2) Ne me touchez pas.

(3) Act., VIII, 3.

pas besoin de plaider longuement; il lui suffisait, pour faire délier les bourses, d'un demi-mot exprimant un demi-désir, tant on était heureux de seconder le zèle ou la charité de M. le Curé! C'est ainsi qu'il avait recueilli les fonds nécessaires pour restaurer, à Sainte-Foy, l'église de son baptême. C'est ainsi qu'il se procura des ressources, pour fonder, à Saint-Louis, deux vastes salles d'asile.

Chez les pauvres, dans les obscures mansardes, c'était, si l'on me permet de le dire, un rayon de soleil; mais un rayon de ce soleil septante fois sept fois plus beau que le nôtre, et qui se nomme la miséricordieuse Providence du bon Dieu. Il paraissait, et son apparition suffisait, pour éclairer, d'une joie soudaine, les plus sombres taudis.

Chez tous ses paroissiens enfin, sans distinction de rang, de parti, de drapeau, le curé de Saint-Louis était l'homme de tous, cherchant, comme Saint Paul, à faire plaisir à tous pour les gagner tous à Jésus-Christ; ne voyant en tous que les enfants d'une famille dont il était le père; et s'appliquant à réaliser partout ces paroles de Saint Augustin : « Si vous aimez Dieu, attirez à son amour tous ceux que vous pourrez, en les exhortant, en les suppliant, en leur répondant avec mansuétude et douceur : *Si amatis Deum, rapite omnes ad amorem Dei, rapite quos potestis hortando, rogando, rationem reddendo cum mansuetudine, cum lenitate* » (1).

Ce curé modèle gouvernait depuis quatre ans la paroisse de Saint-Louis, lorsqu'il plut à l'Éminentissime archevêque de Bordeaux de l'appeler dans ses conseils, en qualité de vicaire général. Accoutumé à l'obéissance, l'abbé de Langalerie s'en alla prendre place, aux côtés de l'illustre cardinal Donnet, en lui disant : « Vous m'avez appelé, me voici ».

(1) *D. Aug. in Ps.* XXXIII.

Mais dans quel esprit embrassa-t-il ses nouvelles fonctions ?

Il y a, pour un vicaire général, diverses manières de comprendre les prérogatives attachées à son titre. L'abbé de Langalerie se plut à revendiquer principalement, celle de devenir le confident affectueux et dévoué des curés de campagne, qui appartenaient à ses deux archidiaconés. Il s'était promis de faire tout ce qui dépendrait de lui pour leur alléger, à ces sentinelles perdues de la sainte milice, le poids de leur isolement, pour en contre-balancer les redoutables effets par ce bienfait d'une amitié sacrée dont le docteur d'Hippone disait : « Rien de plus utile à chercher, rien de plus difficile à trouver, rien de plus doux à goûter, rien de plus avantageux à posséder. *Nihil utilius quæritur, nihil difficilius invenitur ; nihil experitur dulcius, nihil fructuosius tenetur* » (1).

C'est pourquoi, dès qu'il se vit archidiacre, il remplaça, dans sa main, la houlette pastorale qu'il venait de quitter, par le bâton du voyageur; et il partit, avec la résolution de faire la tournée de tous les presbytères ruraux particulièrement soumis à sa juridiction. — Vénérable voyageur, où vas-tu ? — Je vais à la recherche de mes frères, *fratres meos quæro* (2). Je les cherche non pour leur commander, mais pour les servir. *Non veni ministrari sed ministrare* (3). Je les cherche pour leur offrir, en échange des confidences de leurs peines, les sympathies d'un cœur ami.

Il s'en allait ainsi, à travers les landes sablonneuses du district le plus déshérité de notre diocèse, il s'en allait, dis-je, promenant, de presbytère en presbytère, sa tente partout bénie, et ses belles sollicitudes d'archidiacre errant, lorsqu'un messager, envoyé depuis deux jours à sa rencontre, parvint à le rejoindre. C'était là-bas,

(1) *D. Aug. appendix, de Amicitia.*

(2) Gen., XXXVII, 16.

(3) Matt., XX, 28.

dans une clairière de nos pauvres forêts de pins (1), sous l'humble toit d'un patriarche qui, aujourd'hui bientôt centenaire, demeure tout fier de ce souvenir. Le messager était porteur d'un pli ministériel. Ce pli renfermait la copie d'un décret de César. Ce décret de César renfermait la nomination épiscopale de l'abbé de Langalerie.

Jusqu'alors, Messieurs, il nous avait édifiés, nous ses compatriotes, comme témoins de son éducation; il nous avait édifiés bien davantage, comme témoins de son ministère sacerdotal; il allait nous édifier plus que jamais, comme témoins de sa préparation au sacre qui fait les Pontifes.

Avec quels beaux sentiments, en effet, ne le vîmes-nous pas se préparer à ce grand jour!

Quel redoublement de tendre et filiale dévotion, à l'égard de la Vierge Marie !

Tel qu'un enfant qui, surpris par un coup de tonnerre, court abriter son émotion à l'ombre de sa mère, l'abbé de Langalerie, aussitôt le décret impérial reçu, courut abriter la sienne, aux pieds de Notre-Dame de Verdelais.

C'est là, sous les yeux de la Sainte Madone, et après avoir demandé son agrément, c'est là qu'il rédigea sa réponse au Gouvernement qui l'avait choisi. C'est là, aussi, qu'il viendra s'inspirer pour composer son premier Mandement; et il voudra que ce Mandement soit une paraphrase du *Magnificat* de notre céleste Mère.

Avec ce redoublement de piété envers la Vierge Marie, quel redoublement d'évangélique cordialité à l'égard de tout le monde ! Il ne se dépensa jamais autant qu'en ces jours-là, lui qui se dépensait toujours.

(1) A Captieux.

En vertu d'un ancien engagement, il prêchait la station quadragésimale dans une paroisse de Bordeaux. Cela ne l'empêchait point de se prêter tous les jours à quelque autre chaire, soit dans les grandes églises, soit dans les chapelles. Toutes les Œuvres spéculaient sur l'enthousiasme qu'excitait la parole du nouvel élu. Il n'en éconduisait aucune, et acceptait de prêcher pour toutes.

Mais ce qu'il y avait de plus édifiant que tout le reste, c'était de voir le recueillement, l'union à Dieu qu'il savait garder, en se dépensant de la sorte, à temps et à contretemps, *opportunè et importunè.*

Le jour du sacre se leva ; jour de fête pour la cité tout entière; jour d'Hosannah universel.

Lorsque, à la fin de l'imposante cérémonie, le nouveau Pontife s'avança sur le bord de l'estrade, avec la mitre en tête et la crosse à la main, pour donner à l'assemblée sa première bénédiction épiscopale, ce fut, sous les voûtes de notre vieille cathédrale, frémissante de bonheur, comme l'éblouissante apparition de quelque astre surnaturel; *quasi sol refulgens sic ille effulsit in templo Dei* (1). L'assemblée tressaillit d'une sainte admiration : il était si beau le nouvel Évêque ! Il était plus beau que l'Espérance ; on croyait voir la modestie même de Jésus-Christ, aux jours de sa vie mortelle ; cette adorable modestie dont Saint Paul invoquait le ravissant souvenir, dans sa seconde épître aux Corinthiens : *Obsecro vos per modestiam Christi* (2).

En songeant à sa mère, qui était là, tout près, abîmée dans l'humilité et dans l'action de grâces, toutes les mères avaient peine à retenir l'exclamation du Saint Évangile : *Beatus venter, qui te portavit.* Qu'elle est heureuse la mère d'un tel fils !

(1) Eccli., L, 7.

(1) II. Cor., II, I.

Concluons, Messieurs, que, pendant la première période de sa carrière, Mgr de Langalerie se montra presque un ange aux témoins de son éducation, de son ministère sacerdotal, de sa préparation au sacre qui fait les Pontifes.

Le moment est venu de faire un pas de plus dans notre sujet, et de vous dire comment, pendant la seconde moitié de son existence, plus manifestement encore que dans la première, il se montra presque un ange aux témoins de son épiscopat. *Paulò minùs ab angelis.*

II

Les témoins de la seconde moitié de l'existence de Mgr de Langalerie, les témoins de son épiscopat, ce sont les deux diocèses qu'il eut successivement à gouverner; deux diocèses séparés par une grande étendue de pays. L'un touche aux Alpes et à la Suisse, l'autre touche aux Pyrénées et à la catholique Espagne. L'un et l'autre comptent dans leurs annales une longue suite d'illustres évêques. L'un s'honore particulièrement du souvenir de Saint Anthelme, l'autre du souvenir de Saint Austinde. Tous deux ont la gloire de posséder un clergé justement renommé pour son savoir, ses vertus, sa bonne discipline. Le premier se nomme le diocèse de Belley, le second l'archidiocèse d'Auch.

Or, j'ai avancé que Mgr de Langalerie se montra presque un ange aux deux diocèses qui, tour à tour, eurent la fortune de le voir à leur tête.

Ce que j'ai avancé, je le répète : Oui, Messieurs, Mgr de Langalerie se montra presque un ange à ses premiers et à ses seconds diocésains. Et comment cela? Par la manière transcendante dont il s'acquitta des obligations de la charge épiscopale.

Dans l'un de ses ouvrages qui fut dédié par lui au Pape Eugène III, et qu'un autre Pape, Saint Pie V, avait toujours sur sa table de travail, Saint Bernard disait ceci à son ancien disciple : « Vous avez à porter votre attention sur quatre points : sur vous-même, sur ce qui est au-dessous de vous, sur ce qui est autour de vous, sur ce qui est au-dessus de vous. *Quatuor tibi consideranda reor; te, quæ sub te, quæ circa te, que suprà te* » (1).

Souffrez, Messieurs, que, prises dans un ordre inverse à celui du texte, ces paroles de Saint Bernard au Pape Eugène servent de guide à ma pensée, dans l'exposé des mérites épiscopaux de Mgr de Langalerie ; souffrez qu'elles règlent dorénavant la direction de mon discours.

Donc, l'évêque a d'abord des devoirs à remplir *au-dessus de lui-même*. Au-dessus de lui-même, qu'est-ce à dire ? C'est-à-dire à l'égard de l'Évêque des évêques, à l'égard du Souverain Pontife, et de l'Église universelle, dont le Pape est le chef visible.

Or, Messieurs, quelle fut, à ce point de vue, la conduite de notre Prélat ? Souvenez-vous et admirez. *Recordamini mirabilium ejus* (2).

La France catholique tout entière ne le sait-elle pas ? Toujours, Mgr de Langalerie eut à cœur et à gloire, de témoigner à la suprême autorité du vicaire de Jésus-Christ, une soumission absolue et une déférence filialement scrupuleuse. Ce point a été touché dans l'allocution du jour des funérailles, mais rien que touché; il me plaît d'y revenir.

Quelqu'un qui a bien connu notre héros a dit de lui que, lorsqu'il ne regardait pas du côté du Ciel, il regardait du côté du Vatican.

(1) *De Consider., Lib.* II.

(2) I. Par., XVI, 12.

Bien des affaires que d'autres eussent retenues, non sans droit, dans leur chancellerie épiscopale, pour les juger en dernier ressort, il voulait qu'elles fussent envoyées et soumises à la Curie romaine.

L'ombre d'un simple désir du Pape était à ses yeux un ordre, pour l'exécution duquel rien ne lui aurait coûté. Vous n'avez pas oublié l'Encyclique de Notre Saint-Père Léon XIII, concernant le Tiers-Ordre de Saint François ; dès que cette Encyclique eut vu le jour, Mgr de Langalerie brigua la faveur d'être admis dans le Tiers-Ordre séraphique.

Si jamais évêque ne tint plus que lui à honneur de professer envers l'autorité du Saint-Siège la plus complète soumission, jamais non plus nul autre ne prit une part plus vive aux épreuves du vicaire de Jésus-Christ, et ne versa, sur les infortunes de la Papauté, des larmes plus brûlantes.

Malheur à moi ! s'écriait jadis le père des Machabées ; pourquoi fallait-il que je fusse destiné à voir l'écrasement de la Cité sainte ! *Væ mihi ! ut quid natus sum videre contritionem civitatis sanctæ !* Son sanctuaire est tombé au pouvoir de mains étrangères. *Sancta in manu extraneorum facta sunt.* Elle était libre, et la voilà dans l'esclavage. *Quæ erat libera, facta est ancilla.* (1).

Ouvrez, Messieurs, le Recueil des lettres pastorales de Mgr de Langalerie, vous y réveillerez aussitôt ce même cri de sainte et pathétique angoisse. Il dort là, parmi des pages vengeresses, où sont flétris, comme ils le méritent, les attentats sacrilèges commis de nos jours contre la capitale du catholicisme, et contre la Papauté, à qui elle appartient de par Dieu.

Et qui donc défendit plus jalousement que lui les prérogatives de cette Papauté, dont il partageait si vivement les épreuves, dont il respectait si filialement l'autorité suprême ?

(1) I, Mac., II, 7 et seq.

Sa première initiation théologique datait, hélas ! d'une époque où, dans les Séminaires de France, régnait encore une école aujourd'hui confuse d'elle-même, une école qui refusait bizarrement à Pierre la prérogative doctrinale sans laquelle, cependant, demeuraient inexplicables d'autres prérogatives qu'elle lui reconnaissait, et que les définitions de deux Conciles œcuméniques obligeaient déjà à lui reconnaître, sous peine de naufrage dans la foi.

Mais (et j'aurais dû le rappeler plus tôt), Mgr de Langalerie, au début de son sacerdoce, était allé compléter, à Rome, dans une cellule de notre Établissement de Saint-Louis des Français, le cours de ses études sacrées. Il en revint imbu des pures doctrines romaines, et ultramontain à perpétuité. C'est pourquoi la véridique histoire du Concile du Vatican attestera, qu'au sein des discussions de ce Synode universel, l'infaillibilité des successeurs de Pierre, enseignant *ex cathedrà*, rencontra dans Mgr de Langalerie le zèle d'un converti.

Et vous, ô Église catholique, ô sainte Église, bâtie sur l'inébranlable fondement de Pierre, vous qui tenez l'enfer sous vos pieds, et qui cachez, là-haut, dans le conseil de Dieu même, votre tête tout à la fois couronnée et de gloire et d'épines, ô Épouse du Christ, ô Mère des vivants, quels n'étaient pas pour vous l'amour, la tendresse, le dévoûment de notre bien-aimé Prélat! Vos joies étaient ses joies; vos blessures, ses blessures; et il ne connut jamais d'autres intérêts que les vôtres.

De là cette ardeur toujours jeune, toujours renaissante, qu'il ne cessa de mettre au service des Œuvres qui ont pour but les grands intérêts catholiques, telles que l'Œuvre de la Propagation de la Foi, l'Œuvre de la Sainte-Enfance, l'Œuvre de Saint-François de Sales. La gloire de Dieu dans l'Église, et par l'Église dans le monde entier, c'était l'ambition de son âme, son unique ambition ici-bas.

L'évêque, disions-nous, a des devoirs à remplir au-dessus de lui; j'ajoute qu'il en a également à remplir *autour de lui*.

Autour de lui, qu'est-ce à dire? C'est-à-dire à l'égard de ses prêtres, lesquels, dans les desseins de Dieu, sont une extension, un prolongement de sa personne, à peu près, diraient les auteurs mystiques, ce qu'était, pour le vêtement liturgique d'Aaron, la belle frange qui le complétait et l'ornait.

Or, quelle fut, à ce deuxième point de vue, la conduite de Mgr de Langalerie? Une deuxième fois, souvenez-vous et admirez; *Recordamini mirabilium ejus* (1).

Dans la nuit qui précéda le jour de son crucifiement, lorsqu'il se rendait à Gethsémani, en longeant le cours du Cédron, Notre Seigneur s'arrêta; et, levant, vers la voûte étoilée, ses divines mains qui avaient créé le firmament, il adressa à son Père une solennelle supplication : *Pater sancte... Rogo ut sint unum, sicut et nos unum sumus* (2). Père Saint, je vous fais une prière; c'est qu'ils soient un, comme vous et moi nous sommes un. Tel était le vœu suprême de l'Homme-Dieu, à la veille de sa mort. Il demandait à son Père, pour tous ceux que son Père lui avait donnés, qu'Il leur accordât la grâce d'être consommés en un, *Consummati in unum* (3), par la charité, qui fondrait mutuellement leurs âmes, les unes dans les autres. Or, telle est aussi, la fusion de réciproque amour, que Mgr de Langalerie rêva constamment de procurer, de maintenir entre son âme et l'âme de ses prêtres.

Évêques, aimez vos prêtres, aimez-les dans l'Esprit-Saint, que Saint François de Sales appelait le grand *Unisseur;* aimez-les, selon

(1) I, Par., XVI, 12.

(2) Joan., XVII, 10 et seq.

(3) *Ibid.*

toute la portée évangélique de ce mot, et, après cela, faites à leur endroit ce que vous voudrez. *Ama et fac quod vis.*

Or, n'est-ce pas ainsi que Mgr de Langalerie aima ses prêtres du Bugey et ses prêtres auscitains? Jamais il ne voulut être le dominateur de son clergé; il voulut toujours en être le principal ami; *Non dicam vos servos; vos autem dixi amicos* (1).

Et ce cher désir de son cœur, il le manifestait à ses prêtres, en toute conjoncture, moins par ses paroles que par ses actes. Leur faire les honneurs de sa table était pour lui une fête, et quand il recevait lui-même l'hospitalité dans leurs presbytères, il n'y avait pas d'hôte plus cordial et plus heureux que lui.

Longtemps à l'avance, il saluait joyeusement le retour annuel des saints exercices de la retraite pastorale, parce que l'époque de cette retraite lui ramenait la bonne fortune de passer quelques jours avec ses prêtres, de converser avec eux dans une vie commune, et de se procurer ainsi ce rafraîchissement de l'âme, j'ai presque dit ce bain du cœur, que jadis, se promettait le grand Apôtre, de sa prochaine rencontre avec ses amis de Rome, *ut veniam ad vos in gaudio, et refrigerer vobiscum* (2).

Je viens de nommer la ville de Rome. L'année qui suivit l'installation de Mgr de Langalerie à Belley, Rome le vit arriver avec une vingtaine de ses prêtres pour escorte; or, chaque matin, après sa messe, il servait à l'autel celle de quelqu'un de ses compagnons de voyage. A certains jours, il en servit deux, et même trois.

Vous savez ce que l'évangile raconte du Pontife éternel et sans tache : A la fin du souper, Jésus se leva et quitta son manteau; puis il prit un linge, et le noua autour de sa taille; après

(1) Joan., XV, 15.

(2) Rom., XV, 32.

quoi, il versa de l'eau dans un bassin, et se mit à laver les pieds de ses disciples, se servant pour les essuyer de son tablier de lin. *Cœna factâ surgit a cœnâ, et posuit vestimenta sua ; et cum accepisset linteum, præcinxit se. Deinde mittit aquam in pelvim, et cœpit lavare pedes discipulorum et extergere linteo quo erat præcinctus* (1).

Nos mœurs occidentales ne permettaient pas à Mgr de Langalerie de donner à ses prêtres un pareil témoignage de tendresse. Je le soupçonne de l'avoir regretté.

Ce qu'il y a de certain, c'est qu'il regrettait en son âme, que notre dispersion d'ici-bas l'empêchât de les voir, tous, plus fréquemment. Mais l'amour est ingénieux ; et le bon prélat leur avait donné pour chaque jour un rendez-vous spirituel : « Je fais tous les soirs ma visite au Saint Sacrement à six heures, leur avait-il dit, laissez-moi espérer que ceux d'entre vous qui le pourront voudront bien la faire à la même heure. Ce sera pour mon cœur une façon de vous retrouver qui me fera plaisir. »

Une chose qui lui faisait plus de plaisir encore, c'était d'entendre vanter l'éclatante sainteté de plusieurs des prêtres dont Dieu l'avait constitué le père.

Il y en eut un surtout, dans son premier diocèse, qui, sous ce rapport, fut pour lui la cause d'une consolation exceptionnelle. Son nom, déjà déclaré vénérable par l'Église, restera inséparablement associé au nom de Mgr de Langalerie.

Le jour où celui-ci dut courber sa tête sous le fardeau de l'épiscopat, il remercia le bon Dieu, puisqu'Il avait voulu le faire évêque, de l'avoir fait évêque de Belley, et cela pour deux raisons : parce qu'il serait ainsi évêque d'un diocèse dont une portion considérable avait été gouvernée autrefois par Saint François de

(1) Joan. XV, 2 et seq.

Sales, et parce que, en vertu de ce titre, il devenait l'évêque du curé d'Ars.

Le curé d'Ars ! quelle étonnante merveille, Messieurs ! Et dans cette merveille, quelle piquante revanche de la divine Providence ! Ne savez-vous pas que le siècle qui a précédé le nôtre, le XVIIIe siècle, fit le pèlerinage de Ferney en l'honneur (ce n'est plus moi qui vais parler, c'est le plus prodigieux de nos poètes), en l'honneur....

.... D'un singe de génie,
Chez l'homme en mission par l'enfer envoyé (1).

Or, la Providence, qui se joue dans le monde, *ludens in orbe terrarum* (2), la Providence a voulu que, dans le même coin de notre territoire, le XIXe siècle fît le pèlerinage d'Ars, en l'honneur d'un pauvre curé de campagne qui, pendant trente ans, passa chaque jour seize heures entre les planches d'un confessionnal, et dont tout le génie consistait à dire : « Mes enfants, aimez bien le bon Dieu... Il est si bon, aimez-le bien ! », mais pratiquant pour son compte, à la façon des Séraphins, ce qu'il prêchait aux autres d'une façon si naïve.

A peine installé dans son siège de Belley, Mgr de Langalerie s'empressa, sous un prétexte quelconque, de se rendre dans la paroisse d'Ars, pour y voir de ses yeux le prêtre qu'il appréciait comme le plus riche diamant de sa nouvelle couronne.

Quelle rencontre que celle de cet Évêque et de ce prêtre, de ces deux âmes si dignes l'une de l'autre !

Le poète fameux, auquel je faisais allusion tout à l'heure, a

(1) Victor Hugo.
(2) Prov. VIII, 32.

décrit, quelque part, ce moment solennel où, le soleil couchant va toucher la surface d'une mer tranquille, qui réfléchit son disque d'or, le moment où le soleil et son image vont fraternellement s'embrasser :

Comme deux rois amis, l'on voyait deux soleils
Venir l'un au-devant de l'autre.

En songeant à la première rencontre de Mgr de Langalerie et du curé d'Ars, en songeant au premier embrassement de ces deux belles âmes, ne vous imaginez-vous pas, Messieurs, un spectacle analogue à celui que chantait le grand poète sur sa lyre, alors chrétienne ?

Dès ce moment, comme jadis Saint Athanase après avoir vu Saint Antoine au désert, Mgr de Langalerie ne se lassa plus de parler de la merveille qu'il avait contemplée.

Un jour vint où il fut informé que le curé d'Ars, selon la propre expression de celui-ci, approchait de sa *pauvre fin*. Aussitôt le Prélat accourt. Haletant, ému, priant à haute voix, et fendant les flots de la foule agenouillée autour de l'humble presbytère de M. Vianney, il arrive auprès du vénérable mourant. C'est sur sa croix pastorale, que tombèrent les larmes de joie, par lesquelles l'héroïque serviteur de Dieu saluait les rivages de l'éternité, les horizons de la patrie. C'est lui qui, le jour des funérailles, en présence du cercueil, sur la place de l'église, devant un immense auditoire, où toute la France était représentée, prononça l'oraison funèbre de l'heureux défunt, plus vivant que jamais. C'est lui qui, jusqu'à sa dernière heure, s'est intéressé plus ardemment que personne à la canonisation du curé d'Ars, son ancien diocésain.

De même que l'évêque a des devoirs à remplir au-dessus de lui et autour de lui, il en a également à remplir *au-dessous de lui*.

Au-dessous de lui, qu'est-ce à dire ? C'est-à-dire à l'égard du peuple fidèle confié à son sceptre épiscopal.

Or, quelle fut, à ce troisième point de vue, la conduite de Mgr de Langalerie ? Souvenez-vous et admirez. *Recordamini mirabilium ejus.*

Ah ! certes, il a magnifiquement réalisé, notre Archevêque, la belle devise qu'il adopta le jour de son sacre : VINCE IN BONO MALUM ; triomphe du mal à force de faire du bien.

Quel bien ne fit-il pas dans ses deux diocèses successifs !

Faute de temps, je me condamne à ne rappeler qu'une seule des œuvres qui, du côté de Belley, solliciteraient, en ce moment, mon attention et mes louanges. Et comment pourrais-je la passer sous silence ? Elle suffirait pour illustrer à jamais l'histoire d'un épiscopat.

De quelle œuvre s'agit-il ? D'une œuvre gigantesque, d'une œuvre de patriotisme et de bienfaisance publique, autant que d'apostolat et de salut.

N'avez-vous pas entendu parler de la Trappe de Notre-Dame des Dombes ? Il n'y a pas encore trente ans, ce nom des Dombes résonnait, dans les régions du Lyonnais et de la Bresse, comme résonnait autrefois, dans la Campanie, celui des Marais-Pontins. Il désignait un vaste pays d'insalubres marécages, où la fièvre paludéenne avait établi son perpétuel repaire. Les ravages de ce fléau décimaient là, chaque année, une population rachitique, au teint pâle et livide, et pour laquelle, depuis le berceau jusqu'à la tombe, la santé demeurait un bien inconnu.

Chose plus triste encore : affaissée qu'elle était sous l'inexorable poids de ses souffrances physiques, cette population toujours mourante en était venue à ne plus prendre souci des choses de l'âme et de l'éternité.

Lorsque Mgr de Langalerie visita pour la première fois cette malheureuse portion de son diocèse, il fut navré jusqu'aux larmes des tristesses matérielles et des tristesses morales qu'il avait sous les yeux.

C'était le spectacle dont il est parlé au quatrième Livre des Rois : *Aquæ pessimæ et terra sterilis.* Partout des eaux pestilentielles et une terre stérile, deux fois stérile, hélas ! et pour la vie du corps et pour la vie de l'âme (1).

Comment remédier à cette double désolation ? Tous les échos de la terre répondaient : Impossible. Mais, à ces échos eux-mêmes, l'Évangile ne répliquait-il point par cette parole de Notre-Seigneur à ses disciples : *Nihil impossibile erit vobis?* Pour ceux qui m'aiment, il n'y aura rien d'impossible (2).

C'est aux pieds de Notre-Dame de Verdelais, dans le sanctuaire où il était venu faire sa retraite annuelle (pieuse habitude qu'il conserva jusqu'à sa mort), c'est aux pieds de Notre-Dame de Verdelais, que, Mgr de Langalerie reçut la première inspiration d'où allait jaillir la solution de l'insoluble problème.

Cinq ans s'écoulèrent ; cinq ans pendant lesquels l'Évêque de Belley ne cessa de marcher vers cette solution invraisemblable avec un courage invincible, ne se laissant rebuter par aucun obstacle, luttant contre les choses, luttant contre les hommes, luttant parfois contre Dieu même. Vous vous cachez, ô mon Dieu ! mais je sais que vous n'êtes pas loin ; et, de votre côté, vous savez que c'est pour vous que je travaille. Rien donc ne m'empêchera de croire fermement, qu'à votre heure, votre intervention se montrera.

Dieu intervint en effet, non pas une fois, mais vingt fois, mais cent fois, et si visiblement, que, tous les observateurs tant

(1) IV, Reg., II, 19.

(2) Matt., XVII, 19.

soit peu attentifs s'écriaient malgré eux : Le doigt de Dieu est là ! *Digitus Dei est hic* (1).

Le fait est qu'après cinq ans, au milieu d'un immense domaine que Mgr de Langalerie avait pu acquérir, moyennant les généreuses contributions de la charité publique, contributions sollicitées et obtenues par lui, un vaste monastère s'élevait, sous le ciel brumeux des Dombes. Les toits conventuels dominaient la morne et silencieuse plaine.

Morne et silencieuse, ai-je dit ? Voici qu'elle va cesser de l'être. Le travail, la prière, le chant monastique vont lui apporter le mouvement, la vie, la joie.

Le dimanche 4 octobre 1863, fête du Saint Rosaire, et cinquième anniversaire de l'inspiration reçue dans la chapelle de Verdelais, une colonie de quarante religieux Trappistes, guidés par une croix de bois, arrivaient en procession, et au chant des cantiques, pour prendre possession du nouvel édifice.

Le lendemain, les Trappistes étaient à l'œuvre. Ils entreprenaient l'assainissement des Dombes.

Troublée dans la tranquilité de son long despotisme, la fièvre se jette avec rage sur les moines travailleurs. Plusieurs succomberont : qu'importe ? Ils savaient à l'avance ce qui les attendait. Sur un champ de bataille, ne faut-il pas qu'il y ait des soldats tués ? D'ailleurs, pour un Trappiste, la mort est-elle autre chose que la fin des maux de la vie ?

Malgré l'acharnement de la fièvre et de la mort, les moines ont poursuivi leur entreprise, et, grâce à eux, grâce surtout à Mgr de Langalerie, qui les appela et les implanta, le pays le plus malsain et le plus infécond de la France, et l'un des plus indifférents en matière de religion, est en train de devenir l'une des

(1) Exod., VIII, 19.

contrées les plus salubres, les plus productives de notre territoire, et l'une de celles où le bon Dieu est le mieux servi.

Honneur, pour ce patriotique bienfait, à notre cher Pontife ! Si sa modestie ne l'en eût empêché, il aurait eu le droit de s'appliquer ces paroles de la Sainte Écriture : « *Sanavi aquas has, et non erit ultrà in eis mors neque sterilitas.* J'ai assaini les eaux de ce pays; elles n'y seront plus une cause de mort et de stérilité » (1).

Mais à quel prix, grand Dieu ! parvint-il à opérer ce prodige ? Au prix d'incroyables labeurs et d'incroyables sacrifices; au prix d'une maladie, contractée au milieu des meurtrières émanations des Dombes, et qui mit en danger les jours du fondateur de la Trappe de ce nom.

Heureusement, Dieu songeait à vous, chers Auscitains; et c'est à vous que j'arrive en toute hâte. Après tant de bien que Mgr de Langalerie avait fait à Belley, quel bien n'a-t-il pas fait parmi vous !

Est-ce que, pendant un règne de quinze ans, ses actes de chaque jour ne vous ont pas témoigné, selon la parole de Saint Augustin à son peuple d'Hippone, que vous étiez, jour et nuit, l'occupation de son cœur; *Negotium cordis mei estis ?*

Regardez tout près de vous, dans votre ville d'Auch; contemplez ce qu'il fit en faveur du peuple de sa métropole.

Pour les malades, il procura aux familles ouvrières, dans la personne des Sœurs du Tiers-Ordre de Saint Dominique, la secourable institution d'un dévouement sacré qui fait profession de soigner à domicile les pauvres que la maladie y retient.

Pour les vieillards infirmes, disputant à la misère les restes d'une vie sans espoir et sans amis, il fit venir ces anges de charité qu'on appelle les Petites-Sœurs des Pauvres; et, soutenues, encouragées par lui, les Petites-Sœurs ont bâti, pour leur clientèle de ruines

(1) IV, Reg., II, 21, 22.

humaines, un hospice sur le frontispice duquel on pourrait tracer cette inscription : *Palais de la vieillesse abandonnée.*

Pour les enfants du peuple, afin de soustraire à de néfastes complots leurs âmes et leur baptême, il se mit à la tête de la coalition généreuse qui s'était adjugé la belle mission de conserver au jeune âge le bienfait des Écoles chrétiennes, et avec ces écoles, les plus désintéressés comme les plus habiles des instituteurs élémentaires.

Et les habitants de la ville d'Auch ne savent-ils pas, en outre, pour l'avoir vu de leurs yeux, que toutes les indigences, toutes les infortunes, avaient, en Mgr de Langalerie, une providence qui ne se fatiguait jamais de venir à leur secours ? Ne savent-ils pas que les pauvres étaient la portion préférée de son troupeau, qu'il donnait tout aux pauvres; si bien qu'il n'a pas laissé de quoi payer ses funérailles !

Regardez — non plus tout près de vous, et dans l'intérieur de la ville métropolitaine, — mais dans toute l'étendue du diocèse.

D'une extrémité à l'autre, quelles heureuses traces de ses tournées pastorales, des instructions si variées et si pratiques que sa parole y semait, de la bonté qu'il avait pour tout le monde, spécialement pour les pauvres vieillards qui ne pouvaient se rendre à l'église, se rendant lui-même auprès d'eux, et leur témoignant d'autant plus de tendresse qu'ils paraissaient plus dénués, se penchant sur leur grabat, et les embrassant avec une sainte effusion !

Quelles traces plus heureuses encore des missions qu'il donnait, chaque année, dans telle ou telle importante bourgade ! Longtemps on se racontera, dans les diverses localités où il se fit ainsi missionnaire, comment, en plein hiver, si, par aventure, le sonneur arrivait après cinq heures du matin, c'est-à-dire avec quelques minutes de retard, il risquait de trouver, devant la porte de l'église encore fermée, un suppliant agenouillé, un suppliant qui n'était autre que l'Archevêque en personne. Longtemps on se racontera comment, à l'heure du crépuscule, on se glissait furtivement dans l'église, rien que pour se donner l'édification de contempler l'attitude de l'Archevêque, pendant qu'il faisait son chemin de croix. Longtemps on se racontera comment, au jour de la clôture solennelle de la mission, au moment de la communion générale, les larmes inondaient son visage radieux, et s'en venaient tomber, comme des perles, sur la patène d'or.

Mais voici, voici le suprême devoir des évêques, et pour vous, Messieurs, un suprême sujet d'admiration dans la manière dont s'en acquitta Mgr de Langalerie. Voici son mérite culminant, celui qui sera, dans l'histoire de l'Église auscitaine, son principal titre de gloire; celui qui, un jour peut-être, et s'il faut en croire certains présages, vaudra à ses restes mortels, à la poussière qui fut son corps, des hommages publics que les chrétiens ne rendent qu'à genoux.

Le suprême devoir des évêques concerne *leur propre sanctification*. Il les oblige à tendre plus que personne vers la perfection évangélique ; et cela, dit Saint Thomas d'Aquin, citant une parole de Saint Denis l'Aréopagite, parce qu'ils ont vocation de rendre les autres parfaits, d'être ici-bas les perfecteurs *(perfectores)* attitrés des âmes (1).

Or, comment Mgr de Langalerie s'est-il acquitté de ce suprême devoir ? Souvenez-vous, Messieurs, et cette fois admirez sans mesure : « *Recordamini mirabilium ejus* ».

A la question que je viens de poser, ma conviction et mon cœur me dictent une réponse qui doit, hélas ! rester captive au-dedans de moi-même. Pourquoi captive ? Parce qu'elle contient un mot caractéristique que les lois de l'Église, en attendant l'autorisation

(1) 1a, 2æ, 9, 184, art. 7.

solennelle du Saint-Siège, me défendent de prononcer du haut de la chaire. Toutefois, Messieurs, ne vous récriez point contre cette prescription de notre discipline. Ce que je ne vous dis pas, plus libre que la mienne, la voix publique pourra vous le dire.

Demandez-lui comment Mgr de Langalerie s'est acquitté du suprême devoir dont il s'agit. Elle vous répondra qu'il s'en acquitta comme un saint. Oui, le peuple chrétien a déjà béatifié, canonisé, par anticipation, le bien-aimé Pontife que nous avons perdu. Il a proclamé que ce Prélat fut, de nos jours, un nouveau Saint François de Sales.

Tel était le renom de son crédit auprès de Dieu, que de toutes parts on lui écrivait pour implorer le secours de ses prières. Bien des fois on lui amena des malades désespérés, pour qu'ils fussent guéris par sa bénédiction. On ne craignait pas de lui demander des miracles du premier ordre, et il paraîtrait que ce ne fut pas toujours en vain. C'est le jugement du Siège apostolique qui en décidera.

Et pourtant, la foule qui préconisait si haut la sainteté de Mgr de Langalerie, elle n'avait vu cette sainteté que de loin. Ce qu'elle en savait, ce n'était qu'un soupçon, et à peine, comme dit le Livre de Job, une petite goutte de la réalité, *parvam stillam* (1).

Interrogez, non plus la foule, mais ceux qui vécurent dans l'intimité du Prélat, ceux qui le suivirent pas à pas, ceux pour qui sa vie quotidienne était sans voile et sans secret. Interrogez-les, ceux-là, et vous les entendrez vous répondre, avec l'accent d'une conviction plus profonde que celle de tous les autres, par cette exclamation de leur enthousiasme : Quel saint ! quel saint !

Interrogez les murailles mêmes, les murailles qui eurent l'honneur d'abriter ses jours et ses nuits sous leur ombre tutélaire, et elles vous répondront, non point par des paroles, mais par le

(1) Job, XXVI, 14.

parfum de sainteté, dont leur hôte vénérable a laissé leurs pierres imprégnées.

Tout le palais archiépiscopal en est encore plein; *et domus impleta est ex odore unguenti.* (1)

J'aperçois d'ici sa chambre et son oratoire : dans cette sorte de sanctuaire, tout, jusqu'à la moindre des images qui le décorent, tout respire la piété d'un auguste ami de Dieu. Qui nous dira la ferveur des prières exhalées chaque jour, en ce lieu-là, de l'âme de notre Archevêque ! Des prières, il s'en était imposé, pour son usage quotidien, une série presque interminable. « C'est long, disait-il, mais cela me fait du bien à l'âme ». Il en avait même rédigé pour ses heures d'insomnie.

J'aperçois son cabinet de travail. Sur cette table destinée à ses écritures, sa plume ne s'exerçait, en dehors de la correspondance épistolaire, que sur des matières sacrées, et préférablement sur des sujets mystiques. Pendant les deux dernières années de son existence, il s'occupa de composer, non pour le public, mais pour lui-même, un Traité de la vie de notre âme avec Jésus-Christ en Dieu.

J'aperçois la chapelle domestique où il avait coutume de célébrer la sainte messe. C'est là qu'il venait, plusieurs fois le jour, épancher, aux pieds de Jésus-Eucharistie, le trop plein de son cœur; c'est là qu'on pouvait entendre s'échapper de sa poitrine les plus brûlantes aspirations. C'est là que tous les jours, avant le dernier repas de la communauté épiscopale, il venait passer une heure entière, qu'il appelait *son heure de la messe du soir*. Il la consacrait à faire le chemin de la croix, et à contempler l'adorable Sacrement.

Quant aux mystères qui avaient lieu entre son cœur et le Dieu

(1) Joan., XII, 3.

de son cœur, *l'œil de l'homme ne les a pas vus, son oreille ne les a pas entendus*, mais les témoins les plus intimes parmi les plus intimes, ont cru pouvoir conjecturer qu'aux approches de sa fin, notre Pontife fut gratifié d'extraordinaires faveurs, d'extraordinaires consolations.

Ah! le cœur de Mgr de Langalerie, je ne me sens pas les mains assez pures pour ouvrir ce tabernacle. Tenez-vous, cependant, à savoir le vrai nom du Trésor qu'il renfermait? Écoutez ce qu'on raconte, et vous allez l'apprendre :

C'était le dernier jour que Mgr de Langalerie devait passer sur la terre. Le zélé Prélat avait entrepris de faire, ce jour-là, une tournée de quête, au bénéfice de vos Écoles chrétiennes. Il termina sa tournée par la visite d'une noble famille. Là, dans le salon, la maîtresse du logis lui présente, pour la faire bénir, sa fille, âgée de moins de deux ans. L'Archevêque regarde en souriant ce visage enfantin. Puis, au risque d'étonner l'assistance, entraîné sans doute par ce beau mouvement qui entraîne Dieu lui-même vers ce qui est petit et immaculé, voilà le Pontife à cheveux blancs qui tombe à genoux, devant cette gracieuse et vivante image de l'innocence baptismale.

S'adressant alors à l'enfant, la mère lui demande de dire où est Jésus. Or, au lieu de montrer son propre cœur, comme elle le faisait toujours, quand elle avait à répondre à pareille question, l'enfant indique du doigt le cœur de Monseigneur. Cinq fois on lui répète la même demande, cinq fois l'enfant répète la même indication !!

Ex ore infantium et lactentium perfecisti laudem (1).

L'enfant ne se trompait pas. Dans le cœur de Mgr de Lan-

(1) Matt. XXI, 16.

galerie, ce n'était pas lui-même qui vivait, c'était Jésus-Christ qui l'animait de sa propre vie. C'était Jésus-Christ qui en était l'hôte, le trésor et toutes choses; *omnia Christus* (1).

Quelques heures après cette scène, subitement ravi à la terre par un perfide caprice de la mort, qu'il avait prévu, sans le redouter, l'Archevêque d'Auch rendait son âme à l'éternel Seigneur que les Anges adorent dans les cieux, n'ayant été lui-même, dans notre vallée d'exil, qu'un peu au-dessous des Anges. *Paulò minùs ab angelis* (2).

Deux mots, Messieurs, résument ce long discours. Ces deux mots, les voici : Mgr Pierre-Henri de Langalerie fut presque un ange sur terre. Il se montra presque un ange avant d'être Évêque; il se montra tel plus manifestement encore, lorsqu'il eut été élevé aux honneurs de l'épiscopat.

Mais, hélas ! pour justifier cette double assertion, notre discours, tout long qu'il a été, qu'a-t-il pu dire ! et que de choses qui resteraient à dire encore !

Oui, l'insuffisance de mon œuvre me condamnerait à une sorte de remords, si je n'avais la consolation de me souvenir que le véritable panégyrique de Mgr de Langalerie, c'est le peuple auscitain qui s'est chargé de le faire, et qu'il s'en est acquitté avec une plénitude qu'aucune éloquence ne saurait atteindre.

Vous le commençâtes, chers Auscitains, ce panégyrique de notre bien-aimé Pontife, par la profondeur de votre consternation, et

(1) Coloss., III, 11.

(2) Ps. XIII, 6.

par l'unanime explosion de votre douleur, au moment où la voix éplorée des cloches jeta sur la ville, à peine éveillée, la fatale annonce de la catastrophe survenue dans la nuit : Monseigneur est mort! Monseigneur est mort!

Le panégyrique que vous aviez ainsi commencé, vous le continuâtes par les indescriptibles témoignages de vénération et de pieux regrets, que toutes les conditions, tous les partis ne cessèrent de prodiguer à la dépouille de l'auguste défunt, pendant les cinq jours qui furent consacrés à la veillée des larmes.

Vous complétâtes, enfin, votre hymne de louanges, par la magnificence inouïe que votre deuil et votre admiration surent donner à la pompe des obsèques.

Des obsèques? Non, je me trompe; ce n'était pas des obsèques, c'était un triomphe; le triomphe de la sainteté récompensée.

Et comme s'il eût voulu s'associer à vos sentiments, un soleil radieux, un soleil d'Austerlitz, illuminait de ses feux étincelants cette marche triomphale.

Et dans la splendeur des airs, qui semblaient s'être mis en fête, les voyants d'Israël contemplaient une vision semblable à celle de Jacob : *Scalam stantem super terram, et cacumen illius tangens cœlum; angelos quoque Dei ascendentes et descendentes per eam* (1).

Ils apercevaient une échelle mystérieuse, dont les pieds reposaient sur la terre et dont le sommet touchait aux cieux. Et tout le long de l'échelle, il y avait des Anges, dont les uns montaient et les autres descendaient. Les premiers allaient annoncer là-haut l'arrivée du triomphateur, les seconds accouraient à sa rencontre.

Peuple auscitain, sois béni de tout ce que tu as fait, pour la glorification de ton dernier Archevêque!

Et maintenant, Fidèles de la ville d'Auch, gardez pieusement sa

(1) Gen., XXVIII, 12.

tombe. Soyez sûrs que cette tombe vous gardera à son tour, qu'elle sera une protection, un palladium pour votre cité.

Et en la gardant, n'oubliez pas d'écouter la paternelle voix qui s'en échappe. N'oubliez pas de conformer votre vie à ces paroles que Mgr de Langalerie a ordonné de graver sur sa pierre tumulaire, et qu'il vous adressera continuellement, tout mort qu'il est :

MES CHERS ENFANTS, AIMEZ DIEU, AIMEZ-VOUS LES UNS LES AUTRES. SACHEZ VOUS HAÏR SAINTEMENT VOUS-MÊMES PAR LA PRATIQUE HABITUELLE DE L'ESPRIT DE PÉNITENCE, DE RENONCEMENT, DE SACRIFICE.

AIMEZ L'ÉGLISE ET SON AUGUSTE CHEF, LE SUCCESSEUR DE PIERRE, DONT LA FOI DOIT ÊTRE TOUJOURS LA VÔTRE.

JÉSUS ! MARIE ! JOSEPH !

AMEN.

Bordeaux — Imp. gén. d'É. CRUGY. — Mme veuve RIFFAUD, succr
16, rue et hôtel Saint-Siméon, 16.

DU MÊME AUTEUR

Oraison funèbre de S. S. PIE IX.

Oraison funèbre de Mgr MART[illegible] Saint-Brieuc.

Oraison funèbre de Mgr GAZAILHAN, Évêque de Vannes.

Oraison funèbre de M. l'abbé LARRIEU, Prêtre de Saint-Sulpice, Supérieur du grand Séminaire de Bordeaux.

Oraison funèbre de M. l'abbé RIGAGNON, Curé de Saint-Martial de Bordeaux.

Oraison funèbre de M. l'abbé Ariste DUPOUY, Curé de Baurech.

Oraison funèbre du T. C. F. ALPHONSE, Visiteur des Frères des Écoles chrétiennes.

Panégyrique de M. l'abbé Louis BAULIEU, martyrisé en Corée, à l'âge de vingt-quatre ans.

Oraison funèbre de Mgr de LA BOUILLERIE, Archevêque de Perga, Coadjuteur de S. É. le Cardinal Donnet.

Oraison funèbre de S. É. le Cardinal DONNET, Archevêque de Bordeaux.

Oraison funèbre de Mgr FOURNIER, Évêque de Nantes.

Oraison funèbre de M. l'abbé DÉJEAN, Curé de Saint-Bruno de Bordeaux.

Oraison funèbre de Mgr Louis-Charles-Calliste BORNET, Protonotaire apostolique.

Oraison funèbre de M. l'abbé ARNAUDIN, Supérieur du Collège de Saint-André-de-Cubzac.

Éloge funèbre de M. l'abbé Guillaume BEYTEAU, Curé-Archiprêtre de Libourne.

Oraison funèbre de M. l'abbé J.-B. MEYNARD, curé de Saint-Michel de Bordeaux.

Se trouvent à l'Œuvre des Bons-Livres et chez tous les Libraires de Bordeaux et du département.

NOTA. — Toutes ces Oraisons funèbres vont être prochainement réunies en deux beaux volumes, et éditées de nouveau.

www.ingramcontent.com/pod-product-compliance
Ingram Content Group UK Ltd.
Pitfield, Milton Keynes, MK11 3LW, UK
UKHW020955180726
13838UKWH00003B/1333